LES LOGEMENTS INSALUBRES ET LA LOI DU 13 AVRIL 1850

PAR

FERDINAND SANLAVILLE
DOCTEUR EN DROIT
AVOCAT A LA COUR D'APPEL

EXTRAIT DE LA « REVUE GÉNÉRALE D'ADMINISTRATION »

BERGER-LEVRAULT ET Cie, LIBRAIRES-ÉDITEURS
PARIS
5, RUE DES BEAUX-ARTS
NANCY
18, RUE DES GLACIS
1897

LES

LOGEMENTS INSALUBRES

ET LA

LOI DU 13 AVRIL 1850

PAR

FERDINAND SANLAVILLE

DOCTEUR EN DROIT

AVOCAT A LA COUR D'APPEL

EXTRAIT DE LA REVUE GÉNÉRALE D'ADMINISTRATION

BERGER-LEVRAULT ET Cie, LIBRAIRES-ÉDITEURS

PARIS — 5, RUE DES BEAUX-ARTS | NANCY — 18, RUE DES GLACIS

1897

LES

LOGEMENTS INSALUBRES

ET

LA LOI DU 13 AVRIL 1850

L'insalubrité des maisons porte atteinte non seulement aux particuliers qui y habitent, mais aussi au public. Cela est surtout évident lorsque l'insalubrité est telle qu'elle constitue un foyer d'infection pour un quartier, voire même pour une ville tout entière. C'est ainsi que de nombreux exemples d'infection par les logements insalubres se sont produits au moment de l'apparition de grandes épidémies, de choléra, de fièvre typhoïde et de variole notamment (*Rapport de M. de Riancey*, D. P. 1850, IV, 74. — *Analyse du rapport de la commission de la ville de Paris; Rev. gén. d'adm.*, 1885, II, 155). On peut même dire qu'en toutes circonstances l'insalubrité des logements est contraire à l'intérêt public. Au point de vue moral, on a remarqué avec raison que l'insalubrité du logis amène le dégoût du foyer domestique, avec toutes ses conséquences désastreuses, et que d'autre part, dans bien des cas, les logements insalubres constituent, ainsi que le disait M. Wolowski, le véritable laboratoire de la maladie, de la misère et souvent du vice et du crime. « La santé du corps ne reçoit pas de moins tristes « atteintes, disait le rapporteur de la loi de 1850. L'humidité, les in- « filtrations, l'air vicié et corrompu amènent des maladies spéciales, « causent souvent une mortalité effrayante. Tandis que les constitu- « tions les plus robustes s'affaiblissent et s'épuisent, les natures plus

« délicates s'étiolent et succombent. La phtisie enlève les femmes et « les jeunes filles ; les scrofules, le rachitisme torturent les enfants. »

La loi du 13 avril 1850 a édicté, la première, des prescriptions générales sur les logements insalubres. Cette loi présente des défauts et des lacunes auxquels il serait opportun de remédier. Diverses propositions ont été faites, tendant à modifier cette législation, mais aucune n'a encore abouti. (Jourdan, *Projet de révision de la loi sur les logements insalubres. Rev. gén. d'adm.*, 1883, II, 261, 389 ; III, 10. — *L'Assainissement de Paris. Rev. gén. d'adm.*, 1885, III, 24. — Jourdan, *l'Assainissement de Paris de 1885 à 1891. Rev. gén. d'adm.*, 1892, I, 388. — Dejamme, *la Réforme de l'hygiène publique. Rev. gén. d'adm.*, 1885, I, 257, 391.)

Quelque imparfaite que soit la loi de 1850, si elle était appliquée, elle pourrait cependant apporter de très sérieux remèdes à l'insalubrité des logements, surtout dans les grands centres de population et, d'une manière générale, partout où il existe des agglomérations ouvrières, plus ou moins importantes.

Malheureusement l'application de la loi de 1850 n'étant que facultative pour les municipalités, et c'est le principal reproche qu'on peut lui faire [1], il en résulte qu'en dehors de Paris, où la commission des logements insalubres a toujours régulièrement fonctionné, et de quelques autres villes, la loi de 1850 reste à l'état de lettre morte, bien qu'elle puisse être mise en vigueur partout, même dans les plus petites communes rurales [2]. Cette situation présente de très graves inconvénients au point de vue de la santé publique, aussi de nombreuses circulaires ministérielles ont-elles invité d'une manière pressante les municipalités à se conformer à la loi de 1850 (11 août 1850, — 27 décembre 1858, — 9 septembre 1878, — 6 février 1885. — Jourdan, *Législation sur les logements insalubres,* 4e édition, Berger-Levrault et Cie, édit., p. 191).

Nous nous proposons d'indiquer ici les principales règles édictées par la loi du 13 avril 1850 sur les logements insalubres, dans l'espoir que les municipalités, connaissant mieux cette partie si intéressante de la législation, seront plus portées à l'appliquer là où cela sera néces-

1. Le projet de loi de 1883 rendait obligatoire pour les communes l'application de la législation sur les logements insalubres.

2. En 1883, la loi de 1850 n'aurait plus été appliquée que dans six villes seulement. (*Rev. gén. d'adm.*, 1883, II, 390.)

saire. Une exécution sage et équitable de la loi, sans esprit de parti et sans vexation, pourra dans bien des circonstances éviter des épidémies redoutables, ou tout au moins atténuer leurs effets.

I

L'article 1er de la loi du 13 avril 1850 qualifie d'insalubres tous les logements qui se trouvent dans des conditions de nature à porter atteinte à la vie ou à la santé de leurs habitants. Cette insalubrité peut résulter notamment de la mauvaise odeur, de la trop grande agglomération d'habitants, du manque d'air et de lumière, de l'humidité, de la malpropreté, etc. (Jourdan, *Législation sur les logements insalubres*, 4e édition, n° 35, p. 53).

La loi de 1850 est sans application dans le cas d'incommodité des habitations ou de danger des constructions (conf. C. d'Ét. 9 janvier 1868, Sir. 1869, II., 326)[1]. Il a été jugé notamment que l'existence de punaises dans une maison ne rend pas applicable la loi de 1850 (C. d'Ét. 23 juillet 1886, Sir., 1888, III, 28; Lebon, p. 650. — V. les observations de M. Le Vavasseur de Précourt, *Rev. gén. d'adm.*, 1886, III, 75).

L'insalubrité doit être inhérente à l'habitation, elle doit dépendre du fait même de l'habitation ; la cause peut être extérieure, tels que les dépôts d'immondices, la stagnation des eaux dans les cours et passages, la malpropreté des murs, des escaliers, des corridors et de toutes autres dépendances. La cause peut aussi être intérieure : ainsi le défaut d'air et de jour, l'humidité du local, etc.

Mais si l'insalubrité dépend de causes étrangères, extérieures et permanentes, tels que le voisinage de cours d'eau ou de marais, la proximité d'un cimetière, etc., ou encore si l'insalubrité provient d'un cas accidentel de force majeure, tel que le débordement d'un cours d'eau, la loi du 13 avril 1850 ne saurait être appliquée (Jourdan, *ut suprà*, n° 51, p. 70. — Des Cilleuls, *Comment. de la loi de 1850*, p. 9. — Conf. C. d'Ét. 6 mars 1869, Sir., 1870, II, 132, de Besson).

---

1. C. de préf. de la Seine 13 mars 1877, *Jurisprud. des conseils de préf.*, p. 229 ; — 20 juin 1877, p. 295 ; — 3 avril 1878, année 1879, p. 7 ; — 26 juin 1878, p. 262 ; — 9 juillet 1879, année 1880, p. 95.

L'article 13 de cette loi dit en effet que si l'insalubrité est le résultat de causes extérieures et permanentes, ou si ces causes ne peuvent être détruites que par des travaux d'ensemble, la commune pourra acquérir, dans les formes de la loi du 3 mai 1841 sur l'expropriation pour cause d'utilité publique, la totalité des propriétés comprises dans le périmètre des travaux. (*Rev. gén. d'adm.* 1885, I, 267, note. 1893, II, 300.)

D'autre part, il faut que l'insalubrité résulte du fait du propriétaire ou de l'usufruitier. Par suite, l'insalubrité provenant du fait du locataire seul ne doit pas donner lieu à l'application de la loi de 1850 (Jourdan, n° 47, p. 66 ; n° 48, p. 68). C'est ce que veut dire l'art. 10 lorsqu'il exige que les causes d'insalubrité soient dépendantes de l'habitation elle-même. Ainsi ne rentrent pas dans les prévisions de la loi : l'insalubrité résultant des aménagements effectués par le locataire, tels que la transformation d'un grenier ou d'une arrière-boutique en chambre à coucher, la suppression d'une fenêtre nécessaire à la ventilation, l'établissement d'une soupente coupant en deux une pièce très salubre, ou bien encore l'insalubrité résultant exclusivement du commerce ou de l'industrie du locataire. Telles sont les solutions très équitables qu'admet la jurisprudence du Conseil de préfecture de la Seine (Dalloz, *Codes annotés des lois politiques et administratives,* tome III, v° *Salubrité publique,* p. 22, n°s 304 et suiv. [1]), et qu'approuvent des auteurs notables (V. note de M. Hallays-Dabot, Lebon, p. 341).

Mais le Conseil d'État ne paraît pas adopter ce système, et il a imposé au propriétaire des travaux d'assainissement, alors que l'insalubrité provenait manifestement du fait seul du locataire (C. d'Ét. 13 avril 1883, Lebon, p. 341, Frichot. *Rev. gén. d'adm.,* 1883, III, 323 et les observ. ; — conf. C. d'Ét. 6 août 1878, Lebon, p. 836, Navarron. — V. aussi C. d'Ét. 1er août 1884, Lebon, p. 690, Thuilleux.)

Cette jurisprudence nous paraît peu justifiable, non seulement en présence du texte de la loi du 13 avril 1850, mais aussi en pure équité. Il est inadmissible que le propriétaire soit responsable parce qu'il a plu à son locataire de transformer en chambre à coucher, par exemple, des locaux à l'usage de grenier ou même de cave ou de magasin, et loués uniquement pour cette destination, et il est encore

1. C. de préf. de la Seine 23 février 1876, *Jurisprud. des cons. de préf.,* p. 145 ; — 26 juin 1878, p. 262 ; — 17 mars 1880, p. 150 ; — 26 juillet 1882 et 14 septembre 1883, Jourdan, p. 255.

moins justifiable que le propriétaire soit tenu de transformer ces locaux en pièces habitables. D'autre part, le recours du propriétaire contre son locataire à raison de l'abus qu'il fait des lieux loués, serait bien souvent illusoire, car il est peu probable que le bail prohibe formellement l'habitation d'une cave ou d'un grenier, et l'article 1728 du Code civil, pour abus de jouissance, pourrait ne pas trouver son application.

En tous cas, à supposer qu'un jugement interdise cette habitation, il serait fort difficile au propriétaire d'en maintenir l'exécution constante (V. la note précitée de M. Hallays-Dabot, Lebon, p. 341). Enfin, le conseil municipal est sans pouvoir pour décider à qui incombe l'exécution des travaux d'assainissement, quand le propriétaire ou le locataire ont soulevé des contestations sur ce point (C. d'Ét. 6 mars 1869, Sirey, 1870, II, 132)[1].

Que doit-on entendre par logement ?

Le logement comprend non seulement l'habitation, la demeure proprement dite, avec toutes les pièces qui la composent, tels que chambres à coucher, salle à manger, cuisine, antichambre, couloir, chambres de domestiques, cabinets d'aisances, etc., etc., mais aussi les dépendances. Sous ce mot : dépendances, il faut entendre toutes les parties extérieures ou intérieures de l'habitation destinées à l'usage commun ou particulier des locataires. Ainsi tombent sous l'application de la loi de 1850 : les cours, allées, passages, impasses, ruelles ; les débats préparatoires de la loi ne peuvent laisser aucun doute à cet égard.

Quant aux rues privées, on doit faire une distinction. Si ces voies privées sont fermées au public, ou peuvent être fermées à volonté, par suite de l'existence de grilles, portes ou barrières, elles constituent des dépendances immédiates de l'habitation, et la loi de 1850 doit être

---

1. Le projet de loi 1883 portait dans son article 4 que l'insalubrité pouvait aussi résulter de l'abus de jouissance du locataire ou de l'occupant, et que, dans ce dernier cas, les mesures prescrites et les amendes prononcées seraient à la charge du propriétaire, sauf son recours contre le locataire. (*Rev. gén. d'adm.*, 1883, II, 402.) Cette disposition, qui avait pour but de remédier à une situation regrettable, ne nous paraît pas cependant rédigée dans un sens exact et juste. La loi devrait avoir pour but principal de frapper le vrai coupable, et en agissant ainsi elle ferait aussi une œuvre pratique ; en effet, on pourrait espérer que les locataires feraient une plus grande attention à ne pas rendre leur logement insalubre, pour ne pas s'exposer à des poursuites. Il semble donc logique que le locataire soit responsable en première ligne de l'insalubrité dont il est l'auteur, sauf un recours de l'administration contre le propriétaire en cas d'insolvabilité du locataire.

observée. (Avis du Conseil d'État 9 juin 1870. — Jourdan, p. 186 ; voir aussi p. 50 et suivantes.)

Si, au contraire, les voies privées servent à la circulation du public, la loi de 1850 ne leur est pas applicable, elles sont assujetties aux règlements de la police municipale (C. d'Ét. 25 juillet 1873, Sirey, 1875, II, 127 ; — 18 mars 1892, Lebon, p. 294 ; *Rev. gén. d'adm.*, 1892, II, 178, et les observations de M. Le Vavasseur de Précourt. — Cons. de préf. de la Seine 26 juillet 1882, *Rev. gén. d'adm.*, 1882, III, 192. — Conf. Cour cass., ch. crim., 16 juin 1893, D. P. 1895, I, 495). — Mais il est toujours loisible aux propriétaires de fermer ces voies (Jourdan, n° 33, p. 48. — C. cass. 13 mai 1854 et 27 juillet 1854, Sir. 1855, I, 476. — V. cependant un projet de réglementation exposé par M. Jourdan, *Rev. gén. d'adm.*, 1892, I, 163).

La loi de 1850 s'applique sans contestations aux maisons garnies (voir le rapport de M. de Riancey) ; mais, étant donné le caractère public des garnis, l'administration municipale peut édicter des règlements sur la salubrité intérieure de ces établissements (Code pénal, art. 471, § 15, et art. 474 ; — Code d'instr. crim., art. 161 ; — Ordonnance de police applicable à Paris du 25 octobre 1883, Jourdan, n° 30, p. 44 et p. 469 ; — Cons. de préf. de la Seine 26 avril 1892, *Rev. gén. d'adm.*, 1893, I, 198).

Enfin les édifices publics, tels que mairies, écoles, asiles, établissements de bienfaisance, hôpitaux, maisons d'aliénés, halles et marchés, casernes, abattoirs, etc., ne sont pas soumis à la loi de 1850, mais rentrent dans les attributions des conseils d'hygiène publique. Toutefois, les dispositions de la loi de 1850 doivent être observées pour les parties des édifices publics qui servent d'habitation privée. (Jourdan, n° 29, p. 44 ; — Des Cilleuls, *Comment. de la loi de 1850*, p. 16.)

La loi de 1850 est sans application lorsque les locaux sont habités par le propriétaire lui-même, l'usufruitier ou l'usager ; cette restriction regrettable résulte des termes mêmes de l'article 1er (Cons. d'État 29 décembre 1858, Lebon, p. 770)[1].

Cette exception doit s'étendre aussi aux logements des employés et

---

1. Cette disposition de la loi de 1850 est sujette à critique. Du moment, en effet, où l'assainissement des logements intéresse la salubrité publique, on ne voit pas pourquoi l'habitation du propriétaire est exceptée de la loi. Aussi était-ce avec raison que le projet de loi de 1883 soumettait également à ses prescriptions le logement du propriétaire. (*Rev. gén. d'adm.*, 1883, II, 389.)

domestiques, faisant partie de l'appartement du propriétaire (Jourdan, n° 40, p. 57). Mais il en serait différemment s'ils habitaient des logements à part. Ainsi les loges des concierges distinctes de l'appartement du propriétaire peuvent donner lieu à la mise en pratique de la loi de 1850 (C. d'Ét. 27 juillet 1859, Sir. 1860, II, 347; — 3 décembre 1864, Sir. 1865, II, 182; — 1er août 1884, Lebon, p. 691).

Il faut qu'il s'agisse de constructions servant à l'habitation proprement dite ou en dépendant ; on ne pourrait considérer comme tels les ateliers, magasins, étables, etc., indépendants de l'habitation [1]. Enfin, la loi de 1850 serait sans application si l'insalubrité résultait d'une cause ne dépendant pas des habitations, par exemple de fossés ou de canaux (C. d'Ét. 18 janvier 1889, Lebon, p. 76, de Junquières). Dans ce cas, le maire, en vertu de la loi des 16-24 août 1790, aurait le droit d'ordonner les mesures de police nécessaires pour empêcher les émanations insalubres résultant de la stagnation des eaux (C. d'Ét. 5 janvier 1883, Lebon, p. 3, Thélolan ; voir la note).

En résumé, la loi de 1850 s'applique à tous les logements et dépendances insalubres mis en location ou occupés par d'autres que par le propriétaire, l'usufruitier ou l'usager, ainsi que le dit en propres termes l'article 1er de cette loi.

Une question délicate se présente lorsqu'un propriétaire a loué son terrain à un locataire qui doit y édifier des constructions. On connaît la présomption des articles 552 et 553 du Code civil, de laquelle il résulte que la propriété du sol emporte la propriété du dessus et du dessous, et que le propriétaire du sol est réputé propriétaire des constructions qui y sont élevées, sauf la preuve du contraire (Aubry et Rau, tome II, § 192, p. 181). Ainsi dans le silence des conventions, le locataire n'a qu'un droit précaire sur les constructions qu'il a élevées, et n'est que créancier de leur valeur, conformément à l'article 555 du Code civil.

Le seul propriétaire est celui du sol. Il en est à plus forte raison ainsi, lorsque le bail ou une convention accessoire, stipule expressément que les constructions élevées par le locataire appartiendront au propriétaire du sol, soit immédiatement, soit à une époque déterminée, par exemple à l'expiration du bail (Aubry et Rau, t. II, § 223, p. 442).

1. C'est encore une lacune de la loi de 1850. Le projet de loi de 1883 y portait remède. (*Rev. gén. d'adm.*, 1883, II, 398.)

On a considéré, dans des circonstances où la propriété des constructions devait rester au propriétaire du sol, que celui-ci était responsable de l'insalubrité des constructions qu'il n'avait pas élevées, et on lui a imposé les travaux d'assainissement à l'exclusion du locataire constructeur (C. d'Ét. 7 avril 1865, D. P. 1866, III, 1, de Madre; voir les notes; — Rouen 26 février 1869, D. P. 1869, II, 141, Moynet et Jeanson ; — Jourdan, n° 43, p. 59).

Le droit du locataire constructeur constitue un droit réel immobilier de superficie, lorsqu'il résulte des conventions que le propriétaire du sol a renoncé au bénéfice de l'accession, ou bien encore lorsque ces conventions reconnaissent le droit de propriété du locataire sur les constructions qu'il a élevées ; par exemple, s'il doit enlever les constructions à la fin du bail, ou s'il doit rétablir les lieux dans leur état ancien (Aubry et Rau, t. II, § 223, p. 442). — On en conclut que le locataire constructeur est alors responsable de l'insalubrité de la construction qu'il a faite, que c'est à lui que doit être adressée l'injonction d'effectuer les travaux d'assainissement (Jourdan, n° 44, p. 63; — Des Cilleuls, *Commentaire de la loi du 13 avril 1850,* n°s 37 et suiv. — Rouen 26 février 1869, D. P. 1869, II, 141, Moynet et Jeanson. — C. de préf. de la Seine 19 février 1879, *Jurisprud. des cons. de préf.*, 1879, p. 288; — 5 juillet 1882, D. P. 1882, V, 264. — V. toutefois : C. d'Ét. 17 mai 1895, Lebon, p. 419-420).

Mais quels sont les travaux qui regarderont le locataire constructeur, et quels sont ceux qui incomberont au propriétaire du sol ? Le locataire constructeur est responsable de l'insalubrité qui tient à la construction proprement dite, comme la mauvaise qualité des matériaux, le défaut d'aération, l'exiguïté des locaux, etc. Certaines décisions admettent même que le locataire est responsable de l'insalubrité d'un passage commun à titre de dépendance des bâtiments. D'autre part, le propriétaire du sol doit être responsable de l'insalubrité causée par la nature du sol même, tels que l'humidité, le défaut de pente, etc. (conf. Jourdan, n° 45, p. 64) [1].

---

1. Le projet de loi de 1833 faisait une distinction analogue, mais ses termes sont plus compréhensifs qu'on ne l'a dit. (*Rev. gén. d'adm.*, 1883, II, 403.) Il nous semble logique que le locataire constructeur soit responsable de tous les travaux qu'il a faits, même s'appliquant au sol, tels que le pavage, les ruisseaux d'écoulement qu'il a établis, etc. Le propriétaire du sol ne pourrait être responsable de ces travaux que s'il en était l'auteur, ou si l'insalubrité provenait du terrain même.

Plusieurs des dispositions de la loi du 13 avril 1850 et surtout des décisions de la jurisprudence peuvent donner lieu à des critiques sérieuses. On doit remarquer, en effet, que bien souvent ce n'est pas l'auteur véritable de l'insalubrité qui est déclaré responsable. Le propriétaire est condamné sous le prétexte que c'est le seul moyen efficace de faire cesser la cause d'insalubrité. Mais ce motif ne paraît pas justifié, car le propriétaire ne peut que difficilement empêcher l'insalubrité dont le locataire est le seul auteur. Enfin il peut paraître injuste d'exiger que le propriétaire effectue des travaux dans des constructions qu'il n'a pas élevées.

II

Après avoir examiné les principales circonstances dans lesquelles la loi du 13 avril 1850 peut être appliquée, nous allons exposer quelles sont les autorités chargées de la faire observer.

Tout d'abord cette loi a essentiellement le caractère municipal. En effet, c'est le conseil municipal qui, seul, a le droit de provoquer la mise en pratique de la loi sur les logements insalubres dans la commune. Cette très grande latitude a été reprochée avec raison, car, il faut le reconnaître, du moment où l'application d'une législation n'est que facultative, il arrive trop souvent qu'elle tombe en désuétude et devient lettre morte. Cette conséquence est d'autant plus regrettable en l'espèce, qu'il s'agit de sauvegarder, non pas des intérêts particuliers, mais bien la santé publique, qui n'a subi que trop fréquemment des atteintes très graves par l'existence de logements insalubres. Aussi sous tous les régimes, ainsi que nous l'avons vu, le Gouvernement a-t-il conseillé vivement aux municipalités d'appliquer la loi de 1850 ; mais trop peu ont répondu à cette invitation.

Aux termes de l'article 1er de la loi : « Dans toute commune où le « conseil municipal l'aura déclaré nécessaire par une délibération spé« ciale, il nommera une commission chargée de rechercher et d'indi« quer les mesures indispensables d'assainissement des logements et « dépendances insalubres mis en location ou occupés par d'autres que « le propriétaire, l'usufruitier ou l'usager. »

La commission des logements insalubres se compose de neuf membres au plus et de cinq au moins. En font nécessairement partie, un médecin et un architecte ou tout autre homme de l'art (tel qu'un ingénieur, un entrepreneur de construction, etc.), ainsi qu'un membre du bureau de bienfaisance et du conseil des prud'hommes, si ces institutions existent dans la commune. Le médecin et l'architecte peuvent être pris hors de la commune (Loi du 13 avril 1850, art. 2). Une loi du 23 mai 1864 porte que, dans les communes dont la population dépasse 50,000 âmes, le conseil municipal peut, soit nommer plusieurs commissions, soit porter jusqu'à vingt le nombre des membres de la commission existante. A Paris, le nombre des membres de la commission peut être porté à trente [1].

La commission se renouvelle tous les deux ans par tiers ; les membres sortants sont indéfiniment rééligibles (Loi du 13 avril 1850, art. 2). Aucune condition spéciale de capacité n'est exigée des membres de la commission, ils doivent, d'après les principes généraux, être citoyens français, âgés au moins de 21 ans, jouissant de leurs droits civils et politiques et ne se trouvant dans aucun des cas prévus par les articles 15 et 16 du décret organique du 2 février 1852 sur les élections (Jourdan, n° 19, p. 35 et suiv.). La présidence appartient au maire ou, à son défaut, à l'adjoint (art. 2). En cas d'empêchement du maire et de l'adjoint, c'est le conseiller municipal désigné par le conseil, sinon pris dans l'ordre du tableau, qui préside (Loi du 5 avril 1884, art. 84 ; — Jourdan, n° 24, p. 39).

Les membres de la commission des logements insalubres ne sont pas des fonctionnaires publics, mais doivent être considérés comme des citoyens chargés d'un ministère de service public et sont protégés à ce titre contre les violences et les voies de fait par les articles 230 à 233 du Code pénal (Jourdan, n° 21, p. 38).

Les attributions de la commission des logements insalubres consistent, ainsi que le dit l'article 1er de la loi de 1850, à rechercher et indiquer les mesures indispensables d'assainissement. A cet effet, la commission visite les lieux signalés comme insalubres, détermine l'état d'insalubrité, et en indique les causes, ainsi que les moyens d'y remédier (Loi du 13 avril 1850, art. 3). Mais pour que la commission puisse effectuer ces opérations, il faut qu'elle soit *invitée* à le faire

1. Pour faciliter la nomination des commissions des logements insalubres, la loi devrait permettre aux petites communes de se réunir à plusieurs pour nommer une seule commission.

d'une manière quelconque, soit par la rumeur publique, soit par des plaintes individuelles même non signées, soit encore par le magistrat de police. Ainsi la commission ne peut agir d'office (Jourdan, n° 34, p. 52)[1]. On admet cependant que la commission peut être consultée par l'administration et donner son avis d'une manière générale, par exemple en cas d'épidémies ou de malheurs publics. (Jourdan, n° 26, p. 42.)

Bien qu'il ait été jugé qu'aucun texte n'oblige les commissions des logements insalubres à effectuer leurs constatations contradictoirement avec le propriétaire (C. d'Ét. 5 décembre 1884, Lebon, p. 880, Delamarre), cependant il est préférable que ces opérations aient lieu en présence des parties.

D'autre part, en cas de refus du propriétaire ou de son représentant, ou encore du locataire, la commission ou son délégué a le droit de procéder à la visite malgré lui, mais avec l'assistance d'un officier de police administrative ou judiciaire, tels que maire, adjoint, ou commissaire de police (Jourdan n° 54, p. 77 et 78).

Les rapports de la commission sont déposés au secrétariat de la mairie, et les parties intéressées mises en demeure d'en prendre communication et de produire leurs observations dans le délai d'un mois (Loi du 13 avril 1850, art. 4). Les notifications dont il est parlé dans l'article 4 ne sont soumises à aucune forme sacramentelle, il suffit que l'intéressé ait été mis à même d'user de ses droits. (C. de cass., ch. crim., 5 décembre 1884, *Rev. gén. d'adm.*, 1885, I, 185.)

Ces notifications sont faites par le maire ou l'adjoint, ou par leurs agents dûment autorisés, à personne ou à domicile, conformément aux articles 68 et 70 du Code de procédure civile (Jourdan, n° 62, p. 125). Enfin le délai d'un mois court du jour de la notification, et non du jour du dépôt du rapport. D'autre part, on ne doit compter dans le délai ni le jour de la notification ni celui où le délai expire. (Jourdan, n° 63, p. 127.)

Ainsi qu'on vient de le voir, la commission des logements insalubres

---

1. On peut regretter que la commission ne puisse agir d'office. Le caractère anonyme des dénonciations ne leur donne que trop souvent le caractère de vengeance particulière. D'autre part, la loi actuelle permet de grandes inégalités de traitement entre des immeubles également insalubres. Le projet de loi de 1883 permettait à la commission d'agir d'office. (*Rev. gén. d'adm.*, 1883, II, 395.)

ne prend pas de décisions, elle se borne à indiquer l'insalubrité et les moyens d'y remédier ; c'est au conseil municipal, sauf un cas, à prendre les décisions qu'il juge utiles et à prescrire les mesures nécessaires. L'article 4 de la loi du 13 avril 1850 dit en effet qu'à l'expiration du délai d'un mois dont il vient d'être parlé, les rapports et observations sont soumis au conseil municipal qui détermine les travaux d'assainissement et les lieux où ils devront être entièrement ou partiellement exécutés, ainsi que les délais de leur achèvement. Aucune forme spéciale n'est imposée à la rédaction de ces délibérations. Cependant on doit y mentionner l'accomplissement des formalités exigées par la loi ; ainsi mention doit y être faite que le conseil a vu les rapports de la commission et les observations des intéressés, ou du moins les certificats du maire constatant que les formalités ont été remplies et que les notifications ont été faites. Enfin, les délibérations doivent être signées par tous les membres présents, ou mention doit être faite des omissions de signatures. (Loi du 5 avril 1884, art. 57. — L. Morgand, *la Loi municipale,* t. Ier, p. 303. — Jourdan, n° 67, p. 132. — Trib. corr. de la Seine 20 novembre 1888, *Rev. gén. d'adm.* 1888, III, 427. Voir toutefois : C. d'Ét. 30 mai 1884, Lebon, p. 448, Larcher.)

Les délibérations du conseil municipal sont notifiées aux parties intéressées dans les mêmes formes que la notification du dépôt du rapport.

Quelles sont les mesures que la commission peut indiquer et que le conseil municipal peut prescrire ? L'énumération de tous les travaux d'assainissement qui peuvent être imposés serait trop importante, il nous suffira d'en indiquer quelques-uns. D'abord en ce qui concerne les constructions de maisons neuves, un décret du 23 juillet 1884 édicte pour Paris certaines prescriptions. Ainsi les cours sur lesquelles sont situées des pièces servant à l'habitation doivent avoir au moins 30 mètres de surface sur une largeur qui ne peut être inférieure à 5 mètres si les bâtiments ne dépassent pas 18 mètres de haut ; s'ils ont plus de 18 mètres, la surface des cours doit être d'au moins 40 mètres et même de 60 mètres. La surface des courettes doit être d'au moins 9 mètres sur 1^{m},80 de largeur moyenne, ou dans le cas où elles n'éclairent que des cabinets d'aisances, vestibules et couloirs, de 4 mètres sur 1^{m},60 de largeur moyenne. Voici quelques travaux que des décisions relèvent comme devant être exécutés : remaniement du sol des cours pour assurer l'étanchéité et l'écoulement des eaux vers les égouts, suppression des châssis et chéneaux, établissement de cuvettes à bascule pour la vidange des eaux ménagères, peinture à l'huile des murs des cabinets d'aisances, installation d'appareils automatiques, lessivage et grattage des murs, pose d'impostes vitrées pour faciliter l'aération et l'éclairage, remplacement des papiers de tenture dans les logements par une couche de peinture à l'huile, établissement, dans les cabinets noirs, de châssis vitrés sur fourchette et d'appareils d'éclairage, ainsi que d'une bouche d'eau à l'entrée de chaque maison (C. d'Ét. 1er août 1884, Lebon, p. 690, Thuilleux). — Exécution dans les cabinets d'aisances des travaux nécessaires pour faire disparaître les causes d'insalubrité : ainsi remplacement des appareils existants par des appareils automatiques, et même suppression des cabinets qui manquent d'air et de jour, s'ils ne peuvent être assainis. (C. d'Ét. 5 décembre 1884, Lebon, p. 880, Delamarre. — V. aussi 2 février 1894, Lebon, p. 97.)

Le conseil municipal peut même prescrire la suppression des fosses d'aisances, mais seulement lorsque cette suppression est l'unique moyen d'assainir l'immeuble. Si on arrive au même résultat sans rien supprimer, au moyen de certains travaux, ceux-ci doivent être ordonnés de préférence. (C. d'Ét. 5 décembre 1884, Lebon, p. 880 ; — 16 janvier 1891, Lebon, p. 4, Rolin, et 4 décembre 1891, Lebon, p. 731 [1].)

La commission des logements insalubres et le conseil municipal ne peuvent pas substituer leurs décisions aux règlements généraux de police en cette matière. (Dalloz, *Codes annotés des lois politiques et administratives*, t. Ier, p. 588, v° *Commune*, nos 5182 et suiv. ; — *Rev. gén. d'adm.*, 1893, III, 244 ; — Des Cilleuls, p. 47.)

Enfin le caractère de certains travaux peut être discuté. Ainsi on s'est demandé si l'adduction de l'eau dans une maison pouvait être prescrite comme mesure d'assainissement. Après certaines variations, le Conseil d'État a admis que la commission et le conseil municipal pouvaient ordonner dans certains cas l'adduction de l'eau comme mesure indispensable d'assainissement, ainsi l'établissement d'une bouche d'eau dans une cité ouvrière à l'entrée de chaque maison. (C. d'Ét.

---

1. En ce qui concerne la ville de Paris, une loi du 10 juillet 1894, qui lui est spéciale, exige l'écoulement direct à l'égout de toutes les matières de vidange. La transformation dans les maisons anciennes doit être effectuée dans un délai de trois ans, ainsi les fosses fixes, tinettes filtrantes, etc., doivent être supprimées dans ce délai. V. aussi une loi du 24 juillet 1891 concernant Marseille.

11 novembre 1881, Lebon, p. 870, Minorel; *Rev. gén. d'adm.*, 1882, I, 77; — 1er août, 1884, Lebon, p. 690, Thuilleux. — Dalloz, *Codes annotés des lois politiques et administratives*, t. III, v° *Salubrité publique*, p. 23, nos 329 et suiv.)

La décision du conseil municipal a un caractère définitif et peut être mise à exécution sans l'approbation d'aucune autre autorité lorsqu'il s'agit seulement d'effectuer des travaux ou d'interdire provisoirement la location à titre d'habitation. Mais lorsque la commission et le conseil municipal concluent que des immeubles ne sont pas susceptibles d'assainissement (article 5, loi de 1850), et que par suite on doit en interdire la location à titre d'habitation, soit de jour et de nuit, soit de nuit seulement, cette interdiction n'a qu'un caractère provisoire, l'article 10 de la loi de 1850 le dit formellement. Le même article dispose que l'interdiction absolue d'habitation ne peut être prononcée que par le conseil de préfecture. La gravité de cette mesure exige en effet que le droit du propriétaire si grandement compromis ait de sérieuses garanties.

Mais, quelque absolue que soit cette interdiction d'habitation, elle ne peut empêcher le propriétaire d'habiter lui-même son immeuble. (C. d'Ét. 29 décembre 1858, Sir., 1859, II, 572, Courmont.)

L'article 8 de la loi du 13 avril 1850 établit, comme légère compensation des dépenses et des travaux que son application entraîne pour les propriétaires, l'exemption de la contribution des portes et fenêtres pendant trois années, pour les ouvertures pratiquées comme travaux d'assainissement.

III

Lorsque par suite de l'exécution de la présente loi, dit l'article 11, il y aura lieu à résiliation des baux, cette résiliation n'emportera, en faveur du locataire, aucuns dommages-intérêts.

Cette disposition rigoureuse démontre que, pour appliquer la loi, l'administration n'a pas à s'inquiéter des conventions privées, mais cette disposition peut avoir des conséquences injustes.

On propose de distinguer entre le cas où il s'agit de travaux d'assainissement et celui où il s'agit de l'interdiction définitive, à titre d'habitation, de tout ou partie d'un immeuble insalubre. Si des travaux d'assainissement sont ordonnés, et durent plus de 40 jours, l'article 1724 du Code civil pourrait être invoqué. Par suite, le locataire serait en droit de demander une diminution du prix de location ; il pourrait même demander la résiliation de son bail, si les travaux rendaient son logement inhabitable ; mais ce que l'article 11 de la loi de 1850 prohibe, c'est une allocation supplémentaire de dommages-intérêts (Jourdan, n° 104, p. 173 [1]). En ce qui concerne le bailleur, celui-ci n'est pas en droit de demander la résiliation du bail, à raison des travaux qui lui sont prescrits. (Jourdan, *id.*, *ibid.* — Paris 24 août 1854, D. P. 1856, II, 166, Sacrez.)

Si le conseil de préfecture a prononcé une interdiction définitive d'habitation, on peut appliquer les articles 1722 et 1741 du Code civil. L'article 1722 dit, en effet, que, si pendant la durée du bail, la chose louée est détruite en totalité par cas fortuit, le bail est résilié de plein droit ; si elle n'est détruite qu'en partie, le preneur peut, suivant les circonstances, demander ou une diminution du prix ou la résiliation même du bail. Dans l'un et l'autre cas, il n'y a lieu à aucun dédommagement. On peut appliquer ces dispositions à l'interdiction totale ou partielle d'habitation, car cette interdiction équivaut à la perte ou à la destruction totale ou partielle de l'immeuble en ce qui concerne l'usage auquel il est affecté (Jourdan, n° 105, p. 175). Ainsi le bailleur, de même que le preneur, pourrait demander la résiliation du bail en cas d'interdiction totale. Mais en cas d'interdiction partielle, le bailleur n'aurait pas ce droit, qui appartiendrait au preneur seul, lequel aurait aussi la faculté de maintenir le bail en demandant une diminution du loyer.

IV

Il nous reste à examiner les recours que les intéressés peuvent former contre les décisions en matière de logements insalubres, et les sanctions de ces décisions.

1° En ce qui concerne les recours contre les décisions du conseil

---

1. Le locataire ne serait pas non plus en droit d'exiger que le propriétaire effectuât les travaux prescrits par l'administration. (Paris 24 août 1854, D. P. 1856, II, 166, Sacrez.)

municipal ordonnant des travaux d'assainissement ou prononçant l'interdiction provisoire d'habitation, l'article 6 de la loi du 13 avril 1850 dispose qu'un recours est ouvert aux intéressés contre les décisions du conseil municipal devant le conseil de préfecture, et que ce recours est suspensif. Le recours doit être formé dans le délai d'un mois, non de la notification de l'arrêté municipal, comme l'article 6 le dit par erreur, mais de la notification de la décision du conseil municipal. (Jourdan, n° 70, p. 135.)

Les personnes qui peuvent former un recours sont celles qui sont responsables de l'insalubrité, tels sont les propriétaires, usufruitiers, locataires constructeurs. Mais les locataires ordinaires et les communes n'ont pas le droit d'intervenir. (Jourdan, n° 72, p. 136. — C. d'Ét. 21 mars 1879, Lebon, p. 242, Briet. — Conf. C. d'Ét. 14 juillet 1859, Lebon, p. 491, Belseur[1].)

Le conseil de préfecture peut annuler ou modifier tout ou partie de la délibération du conseil municipal; il peut prescrire les changements proposés par la commission des logements insalubres, si ces changements sont également acceptés par les parties intéressées; mais il ne peut pas aggraver par sa décision les mesures ordonnées par le conseil municipal (Jourdan, n° 73, p. 140. — C. d'Ét. 14 juillet 1859, Belseur, D. P. 1860, III, 44; — 18 janvier 1889, D. P. 1890, III, 31, de Junquières[2].)

En ce qui touche l'interdiction définitive d'habitation, nous savons que le conseil de préfecture peut seul l'ordonner. Ces diverses décisions du conseil de préfecture sont susceptibles d'un recours devant le Conseil d'État, l'article 10 de la loi de 1850 le dit formellement au cas d'interdiction définitive d'habitation.

Le fait paraît plus douteux lorsqu'il s'agit de décisions ordonnant des travaux d'assainissement ou interdisant provisoirement l'habitation; mais le Conseil d'État, se conformant aux principes généraux, a admis, avec raison, le droit de recours dans ces cas devant sa haute juridic-

---

1. Les communes n'étant point parties en cause ne peuvent être condamnées aux dépens ni aux frais d'expertise. (C. d'Ét. 1er août 1884, Lebon, p. 692 et 693, aff du Plessis d'Argentré et aff. min. du commerce; — 23 juillet 1886, Leb., p. 650, de Boismonbrun.)

2. Le conseil de préfecture peut ordonner une expertise pour examiner les lieux litigieux. (C. d'Ét. 11 novembre 1881, min. de l'agriculture c. Dillais, Lebon, p. 869; *Rev. gén. d'adm.*, 1882, I, 82.) Mais aucune loi ne l'oblige à prescrire cette mesure. (C. d'Ét. 2 février 1894, Lebon, p. 97 et 98.)

tion. (C. d'Ét. 7 avril 1865, D. P., 1866, III, 1, de Madre ; — 9 janvier 1868, Lebon, p. 9.)

2° Une fois les décisions en matière de logements insalubres devenues définitives, le maire, ou à son défaut l'adjoint, est chargé de les mettre à exécution. A cet effet (art. 7), le maire fait injonction aux personnes tenues de faire les travaux d'avoir à les exécuter, ou bien il prescrit l'interdiction d'habitation, si elle a été prononcée.

Lorsque le délai d'un mois pour former un recours devant le conseil de préfecture est expiré, ou lorsque la décision a été maintenue en totalité ou en partie, le maire fait constater par un agent assermenté si l'on s'est conformé aux mesures prescrites. Si ces prescriptions n'ont pas été observées, le maire prend un arrêté pour enjoindre aux intéressés de s'y conformer, dans un délai qui est ordinairement de huit jours (Jourdan, n° 79, p. 151). Enfin si les parties intéressées persistent à ne pas se conformer à la décision qui ordonne des mesures d'assainissement ou interdit l'habitation, un procès-verbal de contravention peut être dressé contre elles.

Il y a lieu d'observer qu'aucune contravention ne pourrait être relevée si le propriétaire venait à habiter lui-même les locaux déclarés insalubres, et dont l'habitation aurait été interdite à ce titre, ou si le propriétaire déclarait que ces locaux ne sont plus habités (Dalloz, *Codes annotés des lois politiques et administratives*, t. III, p. 24, v° *Salubrité publique*, n°s 361 et suiv.).

Les contraventions sont constatées par les commissaires de police, les maires et les adjoints, auxquels il faut ajouter les gardes champêtres en dehors des villes et bourgs (Dalloz, *id.*, *ibid.*, n° 366. — Jourdan, n° 80, p. 152). Les poursuites exercées pour l'exécution de la loi de 1850 peuvent avoir un caractère indivisible, c'est-à-dire que chaque copropriétaire, par exemple, peut être tenu pour la totalité (Jourdan, n° 86, p. 160. — V. toutefois Rouen 26 février 1869, D. P. 1869, II, 141).

L'article 9 de la loi de 1850 dispose qu'en cas d'inexécution, dans les délais déterminés, des travaux jugés nécessaires, et lorsque le logement continue d'être occupé par un tiers, le propriétaire ou l'usufruitier est passible d'une amende de 16 fr. à 100 fr. — Dans le cas où les travaux n'ont pas été exécutés dans l'année suivant la condamnation et dans le cas où le logement insalubre a continué d'être occupé par un tiers, le propriétaire ou l'usufruitier est passible d'une amende égale à la valeur des travaux et pouvant être élevée au double.

Lorsque le conseil municipal a prononcé l'interdiction provisoire d'habitation ou lorsque le conseil de préfecture a prononcé l'interdiction définitive, l'article 10 de la loi de 1850 dit que le propriétaire ou l'usufruitier qui aura contrevenu à l'interdiction prononcée sera condamné à une amende de 16 fr. à 100 fr., et, en cas de récidive dans l'année, à une amende égale au double de la valeur locative du logement interdit. L'article 463 du Code pénal sur les circonstances atténuantes, modifié par le décret-loi du 27 novembre 1870, est applicable en la matière (Jourdan, n° 89, p. 163).

L'article 14 de la loi du 13 avril 1850 dispose que les amendes sont attribuées en entier au bureau ou établissement de bienfaisance de la localité où sont situées les habitations insalubres [1].

Ce sont les tribunaux correctionnels, à l'exclusion de l'autorité administrative, qui sont compétents pour connaître des contraventions. (Circulaire ministérielle du 5 février 1858. — Jourdan, n° 83, p. 154.) En ce qui concerne l'étendue du pouvoir d'appréciation du tribunal correctionnel, il faut faire une distinction fondamentale. Par application du principe de la séparation des pouvoirs, le tribunal ne pourrait pas apprécier les dispositions constatant l'insalubrité, ses causes et les remèdes à y apporter; mais le tribunal serait en droit de vérifier la légalité de l'arrêté, par exemple de statuer sur la question de savoir si l'injonction s'adresse à une personne que la loi oblige à exécuter les mesures d'assainissement prescrites. (Laferrière, *Traité de la juridiction administrative*, 2e édit., t. Ier, p. 480 et suiv. — C. cass., ch. crim., 20 novembre 1868, D. P. 1869, I, 263, Moynet et Jeanson; — Rouen 26 février 1869, D. P. 1869, II, 141, même aff. — Dalloz, *Codes annotés des lois politiques et administratives*, t. III, p. 24, v° *Salubrité publique*, nos 372 et suiv. — Jourdan, n° 85, p. 156. — Des

---

1. On a proposé de substituer à l'amende la condamnation du propriétaire à exécuter les travaux prescrits et, faute par lui de le faire, le droit pour la municipalité de les faire exécuter d'office. (*Rev. gén. d'adm.*, 1883, III, 22.) Mais si de pareilles mesures présentent l'avantage d'aboutir directement au résultat voulu par le législateur, elles ont de graves inconvénients pour le droit du propriétaire, qui ne serait pas suffisamment sauvegardé dans bien des circonstances. Toutefois, ces dispositions seraient justifiées dans les cas d'urgence, par exemple pendant une épidémie.

Cilleuls, *Du Contrôle judiciaire en matière de logements insalubres, Rev. gén. d'adm.*, 1890, I, 30.)

Enfin la contravention prévue par la loi de 1850 a le caractère de délit-contravention, et ne constitue pas une contravention successive. La prescription qui lui est applicable est la prescription annale de l'article 640 (C. instr. crim., Dalloz, *Codes annotés des lois politiques et administratives, id., ibid.*, n°s 385 et suiv. — Conf. C. d'Ét. 8 mai 1874, D. P. 1875, III, 44, Boucher).

On reproche à la loi de 1850 son caractère facultatif, ce qui fait qu'elle n'est guère observée qu'à Paris, où son utilité est attestée par les résultats obtenus (V. Rapp. de la commiss. des log. insalubres. *Rev. gén. d'adm.* 1878, III, 457. — 1885, II, 155. — Jourdan, p. 177 et suiv.). — On reproche à cette loi d'être inégale et arbitraire dans son application, d'où son caractère parfois vexatoire et des inégalités choquantes entre propriétaires dont la disposition des immeubles est analogue. On lui reproche encore le défaut de précision des causes d'insalubrité, l'impossibilité de remédier à l'insalubrité dans l'habitation personnelle du propriétaire et dans les locaux qui ne servent pas d'habitation. tels que bureaux, ateliers, etc. ; la durée trop longue de la procédure, l'insuffisance des moyens de répression contre les propriétaires récalcitrants, les travaux ne pouvant être exécutés d'office (Jourdan, *Rev. gén. d'adm.* 1883, II, 270).

Enfin, à un autre point de vue, on peut critiquer le législateur et même la jurisprudence d'avoir une trop grande tendance à rendre le propriétaire responsable de l'insalubrité dans tous les cas, même lorsqu'il y a évidemment abus de jouissance de la part du locataire.

En résumé, bien que la loi du 13 avril 1850 présente des imperfections et des lacunes regrettables, cependant, telle qu'elle est, cette loi peut rendre de grands services à la salubrité publique. Mais c'est aux conseils municipaux, qui ont l'initiative de la mise en œuvre de cette législation, qu'il appartient d'agir dans l'intérêt public, surtout dans les centres populeux, et d'appliquer avec impartialité les mesures de salubrité qui ont pour but de restreindre la mortalité et d'atténuer les effets des épidémies.

Nancy, imprimerie Berger-Levrault et Cie.

Logements insalubres (Législation sur les). Traité pratique, par Gustave JOURDAN, chef de bureau à la préfecture de la Seine. 4e édition refondue. 1889. Volume in-12 de 573 pages, broché . . . . 6 fr.
Relié en percaline . . . . 7 fr. 50 c.

Études d'hygiène publique, par Gustave JOURDAN, chef de bureau à la préfecture de la Seine. 3e édition. 1893. Un volume grand in-8° de 211 pages, broché . . . . 4 fr.

Pouvoirs des Maires en matière de salubrité des habitations, par Gustave JOURDAN. 2e édition, revue et corrigée. 1894. Volume in-12, broché . . . . 2 fr.

Traité de la Juridiction administrative et des recours contentieux, par E. LAFERRIÈRE, vice-président du Conseil d'État. 2e édition. 1896. 2 forts volumes grand in-8° de 744 et 713 pages, brochés. . . . . 25 fr.

Lois sociales. Recueil des textes de la législation sociale de la France, par CHAILLEY-BERT et FONTAINE. 2e édition. 1896. Un volume grand in-8°, broché. . . . . 12 fr.

Législation et jurisprudence concernant les insectes utiles et nuisibles à l'agriculture et les oiseaux insectivores, par Georges VIBET, sous-préfet de Bressuire, avec une préface de M. C. JOUFFRAULT, ancien directeur du *Journal des percepteurs*, sénateur des Deux-Sèvres. 1896. Un volume in-8° de 273 pages, broché. . 3 fr. 50 c.

Quand vous serez électeurs. Lectures et thèmes de conférences à l'usage des cours d'adultes et des bibliothèques populaires, par MÉTÉRIÉ-LARREY. 1896. Un joli volume in-12, broché . . . . 2 fr.

Répertoire de Police administrative et judiciaire. Législation et réglementation. Jurisprudence et doctrine. Publié sous la direction de M. LÉPINE, préfet de police, par Louis COURCELLE, attaché au cabinet du préfet de police. Avec une lettre-préface de M. Charles MAZEAU, premier président de la Cour de cassation, ancien ministre de la justice. Le *Répertoire de police* paraît par livraisons de 128 pages et formera deux volumes grand in-8° d'environ 900 pages chacun. — Prix de souscription . . 50 fr.
L'ouvrage sera achevé dans les premiers mois de 1897.

Des Droits des communes sur les terres vaines et vagues. Législation spéciale de la Bretagne à cet égard, par J. MARIE, professeur à la Faculté de droit de Caen. 1895. Gr. in-8°, broché . . . . 2 fr. 50 c.

Des Attributions des Conseillers généraux, par A. NECTOUX, conseiller de préfecture, ancien chef de cabinet de préfet. 1895. Volume in-12, broché . . . . 2 fr. 50 c.
Relié en percaline . . . . 3 fr. 50 c.

Le Marché des services pénitentiaires, par C. GRANIER, inspecteur général des services administratifs du ministère de l'intérieur. 1895. Brochure gr. in-8°. 1 fr. 50 c.

L'Assistance médicale gratuite. Commentaire de la loi du 15 juillet 1893, par Édouard CAMPAGNOLE, rédacteur au ministère de l'intérieur, secrétaire du conseil supérieur de l'assistance publique. 2e édition. 1896. Volume in-8° de 463 pages, broché. 6 fr.
Relié en percaline. . . . . 7 fr. 50 c.

Régime légal et financier des Associations syndicales. Étude pratique destinée aux maires, conseillers de préfecture, ingénieurs des ponts et chaussées, etc., par A. AUBERT, percepteur-receveur, ancien secrétaire particulier du préfet de la Seine. 2e édition, contenant le décret du 9 mars 1894 portant règlement d'administration publique sur les associations syndicales. 1894. Volume in-12, broché. . . . . 3 fr.

Du Droit du Gouvernement en matière de délégations spéciales, par J. D'AURIAC, secrétaire général de préfecture. 1895. Gr. in-8°, br. . . . . 1 fr.

La Loi municipale. Commentaire de la loi du 5 avril 1884 sur l'organisation et les attributions des conseils municipaux. Suivi du commentaire de la loi du 22 mars 1890 sur les Syndicats des communes, par Léon MORGAND, chef de bureau à la Direction de l'Administration départementale et communale au Ministère de l'intérieur. 5e édition, revue, augmentée et mise au courant de la jurisprudence. 1896. Deux volumes in-8° (1191 pages), brochés . . . . 15 fr.
Reliés en percaline . . . . 18 fr.

Élections municipales. Jurisprudence du Conseil d'État, par Marcel JUILLET SAINT-LAGER, sous-chef de bureau au Ministère de l'intérieur, ancien vice-président de conseil de préfecture. 4e édition, revue, mise à jour et augmentée. 1896. Ouvrage honoré d'une souscription du Ministère de l'intérieur. Un vol. in-8° de 463 p., broché. 5 fr.

Le Budget municipal, par A. G. DESDATS, avocat à la Cour d'appel de Bordeaux. 1895. Un volume grand in-8° de 451 pages, broché . . . . 7 fr. 50 c.

Nancy, impr. Berger-Levrault et Cie.

www.ingramcontent.com/pod-product-compliance
Ingram Content Group UK Ltd.
Pitfield, Milton Keynes, MK11 3LW, UK
UKHW032037260826
14628UKWH00007B/3011

9 782019 633929